AF230539

DE L'ARMÉE

ET

40 JOURS DE 1848

A LYON.

IMPRIMERIE DE COSSE ET J. DUMAINE,
Rue Christine , 2.

DE L'ARMÉE

ET

40 JOURS DE 1848

A LYON

PAR

LE PAYS DE BOURJOLLY,

Général de Division, Sénateur.

PARIS

LIBRAIRIE MILITAIRE DE J. DUMAINE,

ANCIENNE MAISON ANSELIN,

Rue et Passage Dauphine, 30.

—

1853

DE L'ARMÉE

ET

40 JOURS DE 1848

A LYON.

Jamais, à aucune époque dans l'histoire des gouvernements et des peuples, la question de l'armée ne fut plus nécessaire à examiner que dans les temps où nous vivons.

Le rôle important qu'elle a été appelée à remplir, son absence ou sa présence, qui ont également pesé sur les événements et les choses, la large place qu'elle occupe dans nos institutions, ont rendu cette haute question palpitante d'intérêt et d'opportunité.

Aujourd'hui, que le calme est rétabli, tous les regards sont tournés vers elle, et les opinions se confondent ou se heurtent sur sa constitution, son esprit, sa force et son influence, ses devoirs et ses droits, son présent et son avenir.

Appelé par la spécialité de ma carrière, par les diverses missions qui m'ont été confiées à connaître et apprécier le fond des choses; témoin et quelquefois acteur dans les événements et les actes depuis longues années, je viens à mon tour consigner ici le fruit de mon expérience et de mes réflexions pour servir à éclairer cette question importante.

Pour bien juger ce qu'est maintenant l'armée, ce qu'elle peut être dans la suite, il faut commencer par exposer, en faisant la part du temps et des mœurs, ce qu'elle fut jusqu'à ce jour.

Il faut esquisser rapidement son caractère à chaque grand événement des gouvernements et des peuples, dire son action et sa conduite, marquer ses transitions, et tirer de son passé les leçons du présent et la prescience de l'avenir.

Toute rapide qu'elle sera, cette esquisse devient instructive.

Cette esquisse est d'ailleurs facile et doit être sincère, car l'histoire a ses pages ouvertes, et elle y a inscrit les faits qui portent le reflet original de chaque époque.

Dans tous les temps, dans tous les âges, dans tous les gouvernements, soit monarchies, soit républiques, l'armée a joué un si grand rôle, qu'on ne saurait nier son importance et les bienfaits de son institution.

Ces gouvernements et ces peuples, qu'ils fussent barbares ou civilisés, avaient senti le besoin de cette armée, soit dans la paix, soit dans la guerre, et la nécessité d'une discipline sévère qui se traduisait par la punition pour la désobéissance et la lâcheté, par la récompense pour l'accomplissement des devoirs et le courage.

Si nous remontons aux premiers temps, aux pères de cette institution si grande, nous voyons l'instinct des peuples et des rois à prévoir les progrès de la civilisation, en posant les larges principes qui régissent l'armée et dont les bases inébranlables et éternelles la régissent encore de nos jours.

Ce qu'on faisait alors était plus général et plus absolu ; ce qu'on fait aujourd'hui est plus approprié à nos mœurs par les détails, mais la base est restée la même.

Ainsi, dans les républiques grecques qui semblaient instituées pour donner des leçons au monde, l'armée était respectée et en honneur, et de ce respect et de cette honorabilité découlait une discipline sévère et d'autant plus absolue qu'on commandait au nom de la patrie.

Celui qui refusait d'être soldat était noté d'infamie.

La lâcheté était punie de mort.

Une loi de Sparte refusait la sépulture à ceux qui avaient été frappés en tournant le dos à l'ennemi.

C'est une Grecque qui, donnant le bouclier à son enfant, lui disait : « Reviens dessous ou dessus. »

Par ce motif seul que ce peuple savait infliger l'opprobre à la lâcheté, il savait apprécier la valeur et la gloire.

Les récompenses étaient proportionnées à l'infamie.

« Passant, va dire à Lacédémone que nous sommes morts ici pour obéir à ses saintes lois. »

Telle était l'inscription sublime que portaient les colonnes de Marathon au passage des Thermopyles, pour ces martyrs du courage et du patriotisme.

Telles étaient les mœurs alors ; telles étaient les bases de la discipline, qui sont devenues impérissables, comme je l'ai dit, et comme on le verra plus tard.

Tourmentés par leurs divisions intestines, les Grecs cessèrent d'être réunis dans un seul État. Sous une forme de gouvernement qui eût permis de suivre une politique constante, et de donner à leurs forces une direction fixe, ils auraient peut-être devancé les Romains dans la conquête du monde.

Ce détail est important dans l'histoire de l'armée.

Déjà, à cette époque, les progrès des temps et des mœurs,

l'expérience du bien et du mal surent profiter aux Romains qui firent l'agglomération des États et de l'armée.

A Rome, tous les citoyens étaient soldats ; les premiers magistrats étaient les généraux en chef.

Pour être admis à l'honneur de défendre l'État, il fallait être de condition libre.

Après le choix des hommes venait l'auguste cérémonie du serment.

La discipline aussi était sévère chez ces peuples, et la victoire même ne justifiait pas la désobéissance. Une troupe qui avait fui était décimée ; un soldat qui abandonnait ses armes, et surtout le bouclier sur lequel son nom était inscrit, recevait la mort.

Le triomphe, des surnoms glorieux récompensaient les chefs; des couronnes civiques étaient le prix des actions d'éclat.

Quand Rome tomba, c'est que l'organisation de ses armées, leur discipline n'étaient plus les mêmes.

Je n'entrerai pas plus avant dans l'histoire de l'armée chez ces peuples. Tout le monde connaît les grands noms et les grandes actions qui ont illustré cette époque. Bornant cette esquisse à ces deux exemples, et franchissant de longs intervalles, j'arrive à la fondation de nos monarchies.

Quand les Francs envahirent les Gaules, le même instinct qui guida les Grecs et les Romains leur fit recruter et constituer leurs armées.

Plus tard, en partageant à leurs compagnons d'armes les terres du peuple vaincu, les rois de la première race leur avaient imposé l'obligation de les suivre à la guerre.

Cette politique était puissante et salutaire : car c'est par les armées, dans ces temps-là, que les monarchies pouvaient se fonder et grandir, étendre leur pouvoir et féconder les règnes.

Ce fut le lot des rois de la première race à cette époque presque barbare.

Le chef de la seconde race comprit mieux, dans son vaste génie, le parti qu'il en pouvait tirer, et accomplit avec son aide des choses aussi grandes que ses victoires.

Charlemagne, qui étendit si loin ses conquêtes, ne dut ses succès qu'à la bonne organisation de ses armées. Elles furent sa gloire et sa puissance, et c'est à leur ombre et sous leur égide qu'il donna au peuple de France ses fameux Capitulaires, qui assuraient l'ordre, l'état et la liberté de chacun. C'est à leur ombre et sous leur égide encore, qu'il encouragea les sciences et les arts, qu'il accueillit et récompensa les savants, les littérateurs et fonda pour l'avenir ces colléges qui devaient faire des hommes.

Mais autant l'armée disciplinée et homogène est utile aux gouvernements, autant cette armée négligée ou laissée en oubli, tronquée ou remplacée devient funeste à l'Etat.

Philippe-Auguste et Philippe le Bel présentent chacun ce grand contraste à un siècle de distance.

Le premier, vrai chef de l'armée, plein de sollicitude pour elle comme de fermeté dans le commandement, éprouva sa constance jusque sous les murs des lieux saints, garantit avec elle l'invasion de la France, lutta contre la puissance papale si terrible à cette époque, et gagna contre la moitié de l'Europe coalisée la fameuse bataille de Bouvines.

Soixante-quinze mille hommes en vainquirent cent cinquante mille.

Le second, défiant avec les Français, ayant formé ses milices de corps allemands, anglais, écossais, italiens, avait détruit l'homogénéité de l'armée. La journée de Courtray devint pour lui une leçon cruelle.

Quelques années après, il vengea sa défaite par la victoire

de Mons-en-Puelle, à la tête d'une armée entièrement française.

De même, Henri III, dépensant son temps dans ses plaisirs, négligeant l'armée, malgré les troubles de son règne, perdit la bataille de Coutras et ne put faire ainsi que Philippe le Bel.

Mais Henri IV, son successeur, instruit par son exemple et guidé par ses allures guerrières, prit une revanche éclatante.

Monarque et général à la fois, il montra à la bataille d'Ivry, qui lui mit la couronne sur la tête, ce que peuvent la discipline et la bonne organisation d'une armée.

Louis XIII, son successeur, hérita de ces traditions salutaires que le génie du cardinal de Richelieu perfectionna de jour en jour.

Ce règne eut onze guerres à soutenir, et les soutint avec les honneurs du triomphe.

Ce fut surtout à cette époque, dans les années 1635 à 1643, que l'organisation et la discipline de l'armée acquirent de grandes améliorations, le nombre des hommes s'accrut en même temps. L'effectif fut porté à 100,000, et c'est de cette époque que la France acquit cette prépondérance qui pèse encore dans la balance des nations.

Appuyé sur ces grands moyens, Louis XIV monta sur le trône.

Bientôt la France eut à lutter contre une partie de l'Europe ; mais l'armée était prête, et l'énergique génie de son roi lui demandant des prodiges, il surgit de son sein les Condé, les Turenne, les Fabert, les Catinat, les Laforce, les Schomberg, les Lafeuillade, les Luxembourg et tant d'autres.

Dès lors la France connut le secret de sa force, et ses succès éclatants se dévoilèrent au monde.

Louis XIV sut en profiter pour reculer nos limites. Habile dans son administration, il augmenta les cadres et la force de l'armée au moment de la guerre, et la réduisit habilement ensuite pendant la paix, sans porter atteinte à la discipline et à la bonne organisation qui formaient sa base.

C'est à l'aide de cette sécurité bienfaisante qu'il encouragea les progrès de la brillante littérature, qui a surtout donné au siècle le nom de son règne.

Les débuts de Louis XV furent heureux et semblaient présager une ère glorieuse. Les traditions de Louis XIV, amoindries dans la vieillesse de ce roi, furent reprises par son successeur à propos de la guerre de 1733.

Une jeune et brillante armée de 200,000 hommes parut aux yeux de l'Europe; la bataille de Fontenoy fut gagnée, et nombre de victoires nous assurèrent la possession de la Lorraine, tant de fois tentée.

Mais Louis XV aussi négligea l'armée après cette guerre, et finit par s'assoupir dans son indolence et son égoïsme, léguant à son successeur la faute et la ruine de son passé.

Louis XVI monta sur le trône n'ayant autour de lui qu'une armée mise en oubli, plus habituée aux usages, aux mœurs de la cour et au favoritisme qu'à la discipline militaire.

128,000 hommes seulement composaient cette armée qui n'était plus en proportion avec les changements survenus en Europe. Divers régiments étrangers étaient aussi dans ses rangs et nuisaient à son homogénéité.

La situation de la France à cette époque et les questions politiques qui s'agitaient avec ardeur dans les assemblées détournèrent de l'armée les soins du roi et de son gouvernement.

Le ministre de la guerre était devenu tout parlementaire et ne songeait pas au puissant moyen qu'il avait entre les mains. S'il pensa à l'armée, s'il la désigna, ce fut avec maladresse, et alors elle devint suspecte à l'assemblée constituante.

Cette assemblée la considérait comme un instrument passif entre les mains d'un pouvoir qu'il était dans ses plans d'affaiblir; et dès lors, redoutée par elle abandonnée, par la faiblesse des gouvernants, l'armée commençait à perdre de son influence salutaire, lorsque le signal du danger de la patrie se fit entendre tout à coup.

Aussitôt, comme si le Dieu de la guerre eût frappé le sol de son pied pour en faire sortir des combattants, les Français se levèrent en masse et s'enrôlèrent de toutes parts. L'armée se reforma avec une rapidité effrayante pour l'Europe; en très-peu de temps ses cadres présentèrent 220,000 hommes.

Ce nombre n'en resta pas là, il s'accrut encore avec le danger de la patrie; à la fin de 1793, il s'élevait à 690,000 sous les armes, sur un effectif de 871,000.

Ce sont de ces prodiges que peut seule enfanter la France entre les autres nations, prodiges d'autant plus étonnants qu'à cette époque les schismes politiques répandus dans toutes les classes de la société la divisaient, et qu'ils s'éteignirent à l'envi sous le cri puissant de la patrie.

Dans cet élan sublime, l'armée montra sa force et sa puissance. Guidés par le courage seul, les soldats et les chefs, la plupart improvisés, tinrent tête à l'Europe coalisée. En tous temps, en tous lieux, des points les plus éloignés, les victoires répondirent aux victoires. Sans pain, sans habits, *sans souliers*, comme le disait à cette époque l'expression populaire, cette armée combattit avec cet abandon patriotique qui est le garant du succès, avec cette ambition de gloire qui enfante les grandes choses.

Et pourtant, cette armée n'était ni organisée ni disciplinée !

Quelles auraient donc été sa force et son influence si, continuant à former un corps dans l'Etat, elle eût été soumise à des règles salutaires, à la discipline uniforme, aux prévisions que tout gouvernement doit avoir pour elle, et si, dans cette situation, elle s'était recrutée, avait combattu aux frontières, veillé à l'intérieur?

La règle, la discipline, la prévision du bien-être du soldat, n'auraient pas arrêté l'élan magique qui quintupla ses rangs; elles l'eussent doublé, au contraire, par la confiance. La division des forces aurait eu lieu d'une manière normale pour le dehors et le dedans.

Au dehors, on aurait eu autant de victoires, autant de succès, moins de sang répandu.

Au dedans, plus de sécurité, plus de force, moins de troubles, moins de fautes, et peut-être pas de crimes.

Les réflexions qui découlent de ces faits sont bonnes à méditer pour le sujet que je traite.

Cependant, peu à peu cette armée reçut une organisation presque normale, mais isolée, par les chefs glorieux que les combats, l'expérience et le génie de la guerre avaient formés.

Ces chefs, dont les noms sont trop connus pour les citer ici, au milieu des embarras du régime révolutionnaire, de l'ineptie administrative à laquelle ils résistaient, commandaient à leurs soldats les miracles qu'ils accomplirent, et qui sont présents à la mémoire de tous, chacun avec son organisation particulière pour chaque corps d'armée; mais l'unité manquait, et, malgré ses triomphes, la masse de cette armée attendait une main assez forte, un bras assez puissant, un génie assez vaste pour tout embrasser.

Le pays lui-même, à la fin de la grande crise révolutionnaire, au sein d'un malaise que le désespoir et le dégoût inspiraient, attendait aussi la Providence faite homme qui devait le sauver.

Cet homme apparut tout à coup.

Au bruit des désastres qui avaient succédé à ses victoires au dehors, aux nouvelles de la situation du dedans, poussé par le souffle de Dieu qui animait son génie, le général Bonaparte avait quitté l'Egypte, traversé les mers, abordé la France.

Dans un repas que donna Hoche aux chefs de son corps d'armée, un des convives, voulant porter un toast au général Bonaparte, commençait une allocution qui contenait un commentaire de ses actes glorieux et de ses grandes actions. Hoche l'interrompit par ces mots : « Assez, Monsieur, vous avez prononcé le nom de Bonaparte ; tout est tiède et superflu à côté de ce nom qui remplit le monde. »

Je ferai de même que le général Hoche, car ma plume vacille en ma main en écrivant ce nom, le plus fortement buriné dans l'histoire. Ce qu'il était déjà, ce qu'il fut jusqu'à sa mort, ce qu'est son immortelle et noble mémoire, est inscrit dans tous les esprits et dans tous les cœurs.

Je poserai une seule chose.

Devenu chef de l'Etat, consul ou empereur, Bonaparte ou Napoléon, dont la vaste pensée embrassait toute chose, commença par réorganiser l'armée en retrempant sa constitution de toute la force de l'unité disciplinaire.

Nous avons vu ce que cette armée put d'extraordinaire sous la République, dans l'état où elle se trouvait, ai-je besoin de dire les actes plus étonnants encore qu'elle enfanta sous la main de l'ordre et du génie.

Dès cette époque, l'histoire de nos armées est une épopée.

Chaque jour, chaque heure de ces temps-là, dans certaines circonstances, rappelle l'histoire des géants de l'antiquité, et nos annales, qui enregistrent une victoire par jour, effacent par les actions d'éclat et les noms des hommes les récits de gloire de toutes les nations du monde.

Mais ce n'est pas seulement la gloire, les hauts faits, les conquêtes, que donne à la France la réorganisation de l'armée ;

sous son égide encore, de plus grandes choses qu'au temps de Louis XIV sont accomplies par le chef de l'Etat, car tout était à reconstruire alors, et tout fut reconstruit.

Protégés par l'armée, les temples sacrés sont rouverts, le clergé reprend sa place, l'Etat a une religion.

Les impôts s'allégent, les budgets se règlent, les finances se créent.

Les administrations de toutes les branches s'établissent.

La magistrature se reforme, la justice est rendue.

Les villes ont leurs maires, les départements leurs préfets.

La France, ouverte aux émigrés, les accueille comme ses enfants.

Le conseil d'Etat, ce foyer de lumières, fonctionne et fait appel à toutes les opinions comme à tous les mérites. Réunis dans l'amour du bien de la France, ils travaillent avec conscience, et, du sein de cette compagnie illustre, sort le *Code Napoléon*, œuvre immortelle de justice et d'équité, qui régénère le pays et le régit encore de nos jours.

Enfin, Napoléon fonde un gouvernement dont les bases aux larges et colossales proportions, la sagesse des lois et des institutions, font encore l'admiration des peuples.

Napoléon avait étudié Charlemagne, et tout en lui tient de ce héros.

A plusieurs siècles de distance, les faits et les hommes semblent préparés pour produire de grandes choses jusque dans les plus petits détails.

A ces deux époques, les deux héros ont pris pour base de leur puissance l'organisation de l'armée ; tous deux, appuyés sur cette force, ont fondé un empire ; tous deux ont fait d'innombrables conquêtes, rétabli l'ordre, l'union, la prospérité, classé la nation, donné des lois : Charlemagne, ses Capitulaires, Napoléon, son Code ; tous deux ont rempli le monde.

Mille ans de distance, 800 et 1800, sont les deux grandes étapes de la vie de la France.

Devant des preuves aussi puissantes, qui touchent à nos jours, qui pourrait encore douter des bienfaits de l'institution de l'armée, de la nécessité de sa bonne organisation, de l'utilité de sa permanence disciplinaire.

Sans la sécurité du dehors et du dedans qu'elle procurait, ces immenses faits ne seraient pas éclos, et le grand homme qui présidait alors aux destinées de la France avait si bien senti, dans ces temps de régénération, que cette armée était le plus vigoureux levier de l'Etat, que, du sein des champs de bataille, des décrets, des améliorations d'ordre intérieur arrivaient tout à coup et se mêlaient aux bulletins de ses victoires.

On le voit donc, les armées ne sont pas seulement les instruments de la guerre, mais aussi les auxiliaires de la politique générale.

L'existence d'un état militaire imposant est nécessaire pour protéger et faire respecter les institutions au dedans et appuyer la politique au dehors.

La France ne peut quitter son épée, dans la crainte que le jour du repos ne devienne la veille d'un danger, ou le moment de faire acte ou démonstration de sa puissance.

Sans doute, l'effectif de l'armée est quelquefois subordonné aux circonstances, aux événements politiques, aux besoins et aux ressources du pays, et à la pensée de soulager les finances ; mais on doit s'attacher à y maintenir cet esprit de discipline et ces principes d'honneur qui la distinguent ; on doit conserver ses cadres dans des proportions relatives avec les grandes puissances de l'Europe.

Car, si ses instincts et ses élans patriotiques l'ont porté eaux plus grandes et glorieuses actions au dehors, l'armée n'est pas moins grande par sa modération, par sa sagesse au dedans.

Quand une révolution se fait, quand un cataclysme politique se produit, où toutes les institutions sont déplacées, les pouvoirs moraux suspendus, les passions déchaînées, l'armée seule reste debout, conservant son bon esprit et sa discipline.

Ses principes, pour qu'on n'en ignore, sont écrits sur ses drapeaux : *Honneur et patrie !*

Les partis, les factions populaires tentent vainement de l'entraîner dans leurs camps ou dans leurs excès : si quelques hommes isolés ont cédé aux captations, si un petit nombre a suivi quelques rares exemples, on ne le saurait dire de l'armée, qui, le plus souvent, en fait justice elle-même.

Tour à tour, les divers pouvoirs ont été le prétexte ou la cause des révolutions ; l'armée seule n'en a jamais été le motif : elle ne se mêle point aux factions populaires, mais elle a des sympathies pour les âmes énergiques qui, par la trempe vigoureuse de leur caractère, peuvent rendre les plus grands services à leur patrie comme à la société, et rallier tous les principes d'ordre par des actes vigoureux d'autorité.

J'en ai déjà rapidement esquissé des exemples, et j'en passerai bien d'autres pour arriver à ceux qui sont de nos jours, et dont je puis, acteur et témoin, comme je l'ai dit, raconter les faits et déduire les conséquences.

Celui que je vais citer devient précieux, en ce qu'il se rattache à notre époque et concerne cette même armée qui est aujourd'hui sous nos drapeaux.

Il est concluant pour le sujet que je traite, et mérite d'être particulièrement mentionné, en ce qu'il se rapporte à la seconde ville de France et donne une idée générale de ce qui s'est passé à cette époque relativement à l'armée.

La révolution du 24 février 1848 venait d'éclater à Paris et avait gagné toute la France. Le 3 mars, je fus appelé au commandement de la 7e division militaire, dont le siége est à Lyon, où j'arrivai le 8 du même mois.

Lyon, cette grande cité, était le reflet de la situation de Paris pour les troubles et les masses ; de plus, cette situation présentait une périlleuse différence.

En effet, Paris possédait le siége du Gouvernement provisoire, dont les membres pouvaient trancher à l'instant les questions brûlantes qui s'élevaient à chaque heure, prévenir les événements ou les combattre. L'autorité de Lyon, par la distance qui la sépare des gouvernants, était réduite, dans des cas donnés, au milieu de l'émotion populaire, à attendre des ordres ou à passer outre, ce qui doublait sa responsabilité.

Le grand nombre d'ouvriers de Lyon, les ateliers nationaux, qui se recrutaient de tous ceux que la cessation forcée des travaux y amenait, l'exaltation qui égarait parfois leurs têtes, le corps armé de ceux qui s'appelaient *les Voraces,* suspendaient sur la ville la crainte incessante du pillage.

Parmi les forts qui entouraient Lyon, celui des Bernardins, avec les canons et les munitions qu'il renfermait, était au pouvoir de la population des faubourgs.

Un commissaire extraordinaire du Gouvernement, investi de pouvoirs illimités qu'il tenait du ministre de l'intérieur, M. Ledru-Rollin, membre le plus influent du Gouvernement provisoire, était là fonctionnant depuis quelques jours.

Cette dictature, favorable aux masses, pouvait briser non-seulement les institutions, mais compromettre la fortune et l'existence de chacun.

Elle excitait la défiance et la crainte ; l'absence de toute autorité protectrice et justement limitée, l'incertitude et la terreur, enfin, paralysaient l'action des hommes d'ordre.

L'armée était fidèle, mais les factions l'entouraient et tentaient surtout d'ébranler la discipline.

Telle était la situation.

Pour juger par moi-même de la véracité des rapports qu'on m'avait faits, dès mon arrivée, dans les attributions de mon commandement, je parcourus la ville, les forts, les quartiers et les casernes. Je m'arrêtai principalement dans ceux où l'on m'avait signalé des hommes qui, disait-on, avaient pris part à certaines manifestations, et je rappelai à chacun ses devoirs, le dévouement qu'il devait à son pays, le respect qu'il devait à l'autorité et à la discipline.

Edifié sur les sentiments des troupes, et appréciant l'état des esprits et des choses, je fis paraître un ordre du jour dans lequel je traçais en ces termes les devoirs de l'armée que je commandais :

« A l'intérieur, disais-je, aucune initiative ne lui appartient ; elle est l'auxiliaire de l'autorité civile.

« Aux frontières, elle doit défendre l'intégrité du territoire.

« Mais, pour remplir ce double devoir de manière à bien mériter de la patrie, le maintien de la discipline est plus nécessaire que jamais, et tout doit tendre, dans la hiérarchie des grades, à la continuer et à la raffermir. »

Tels étaient les principes que je posais dans le programme de mon commandement ; tels, à force de conviction et d'énergie, je les ai maintenus jusqu'à la fin.

Ce furent, pour y parvenir, des efforts de chaque jour, des luttes incessantes, jusqu'au moment où je crus devoir demander mon rappel.

Cependant, ces principes posés dans mon ordre du jour étaient légaux et justes, et, dès lors, mes rapports avec M. le commissaire du Gouvernement pouvaient être faciles.

Il fallait, pour cela, que ce dernier voulût comprendre, comme je le comprenais moi-même, les devoirs imposés à l'autorité en face du danger de la situation.

2.

Mon concours lui était assuré pour réprimer le désordre, empêcher le mal de s'étendre et de s'aggraver, faire respecter l'autorité qui assure la paix et la sécurité ; mais il ne pouvait se prêter à capter les suffrages et le concours des masses ameutées, par des concessions et des complaisances de plus en plus dangereuses. Nous ne fûmes pas d'accord sur ce premier point, et je dus me séparer de lui aussitôt ouvertement, quelque danger qu'il y eût pour moi de le faire à cette époque.

J'espérais pourtant, avec raison et justice, que nous ne cesserions pas de nous entendre sur le reste, et que nul conflit ne s'élèverait sur nos attributions respectives : c'était la seule ancre de salut, dans la situation des choses, pour que les troupes pussent rendre des services.

Mais bientôt, dans ses premiers rapports avec moi, cette puissance de M. le commissaire du Gouvernement se manifesta par des empiétements sur les attributions de l'autorité militaire, par des indications, par des ordres qui ne relevaient que de l'exercice de mon commandement.

Je dus, dès l'instant, m'opposer à ces tentatives, qui entamaient à la fois la discipline militaire des troupes et ma responsabilité de commandant en chef. Je le fis dans les termes les plus convenables, comme on peut en juger par ma dépêche du 9 mars, que je vais transcrire, ainsi que je transcrirai les plus importantes, afin qu'on puisse mieux juger de la vérité des faits par les actes accomplis au moment où ces faits se passèrent.

« A M. le commissaire du Gouvernement.

« Lyon, le 9 mars 1848.

« Vous me trouverez toujours disposé, Monsieur le commissaire du Gouvernement, à obtempérer à toutes les invitations que je recevrai de vous, parce que je n'ai qu'une pensée, celle de concourir de tout mon pouvoir au bien de la chose publique.

« Mais, sans m'attacher à de vaines susceptibilités, qui seraient surtout déplacées dans les graves circonstances ou nous nous trouvons, je crois devoir vous faire observer que, tout en me prêtant à ce que vous demandez, je ne puis admettre que vous ayez à me désigner tel ou tel corps, telle ou telle localité. Si cette faculté vous était réservée, le commandement serait déplacé.

« Vous ne verrez autre chose, j'en suis sûr, dans les observations qui précèdent, que le désir bien naturel de nous maintenir mutuellement dans nos attributions respectives. »

J'eus d'autant plus lieu de me féliciter de cette démarche conciliante, que j'avais faite en prévision de l'avenir et de ce que je savais des autres commissaires de ma division, que je reçus le surlendemain une lettre de M. le commandant de la Drôme, qui me communiquait une dépêche beaucoup plus explicite que celle dont je venais de me plaindre.

Ma réponse à ce commandant en fera connaître le contenu.

« Au colonel commandant par intérim le département de la Drôme.

« Lyon, le 11 mars 1848.

« Je m'empresse de répondre à votre lettre du 11 courant, à laquelle était jointe copie de celle qui vous a été écrite le même jour par M. le commissaire du Gouvernement dans le département de la Drôme.

« Vous n'êtes pas plus sous les ordres de M. le commissaire du Gouvernement à Valence, que je ne suis moi-même à Lyon sous ceux de M. le commissaire du Gouvernement pour le département du Rhône.

« L'armée n'obéit qu'à ses chefs directs : ainsi, vous n'avez d'ordres à recevoir que de moi, comme, de mon côté, je ne reconnais que ceux qui viennent du ministre de la guerre.

« Dans l'intérieur, l'armée est l'auxiliaire de la garde nationale, l'appui de l'autorité et des citoyens. Les chefs militaires sont tenus, sous leur responsabilité, de déférer aux invitations et réquisitions de l'autorité civile, pour le maintien de l'ordre et généralement tout ce qui intéresse la tranquillité publique.

« Les rapports entre l'autorité civile et les chefs militaires, dans chaque localité, sont réglés par la loi du 10 juillet 1791, titre 5. Je n'en connais pas d'autres ; et je vous prie de donner connaissance de la présente à M. le commissaire du Gouvernement dans le département de la Drôme.

« Veuillez l'assurer, en même temps, qu'il trouvera toujours de notre part le concours le plus empressé pour appuyer au besoin les actes de l'autorité supérieure, mais qu'il importe que les autorités diverses se renferment mutuellement dans la limite de leurs attributions légales.

« Vous me rendrez compte du résultat de cette démarche. »

Pendant que je prenais cette attitude, pour l'honneur et la légalité du commandement, pour la discipline et la bonne organisation de l'armée, je reçus de M. le ministre de la guerre une circulaire confidentielle.

Cette circulaire ayant perdu son caractère par son insertion au *Moniteur*, à la date du 12 mars, je ne crains pas de la reproduire ici.

C'est un des actes les plus caractéristiques du Gouvernement provisoire et de la plus grande importance pour le sujet que je traite.

Cette circulaire, du 11 mars 1848, était conçue en ces termes :

« Général,

« Dès les premiers jours de la révolution qui vient de s'accomplir, vous avez vu arriver dans les départements de votre division des commissaires du Gouvernement provisoire.

« Les noms de ces délégués du pouvoir exécutif n'avaient pu vous être donnés d'avance ; le temps avait manqué. La nature de leur mission ne vous était pas connue ; cependant, au nom du Gouvernement provisoire, vous avez senti qu'il ne fallait point entraver, par des discussions, la marche des événements et les efforts de ces commissaires pour faire reconnaître la République.

« Je vous ai su gré de cette inspiration de votre patriotisme.

« Maintenant que la République est reconnue par toute la France, que toute l'action gouvernementale tend à se régulariser, il est nécessaire et possible de vous indiquer quelle est l'étendue des pouvoirs confiés aux commissaires du Gouvernement.

« L'autorité qu'ils exercent dans les départements est celle du pouvoir exécutif, telle qu'elle est réglée par les lois, telle qu'elle est commandée par les circonstances.

« Au nom des lois, les chefs militaires sont, sous un certain rapport, sous leurs ordres, en ce sens qu'ils peuvent requérir l'assistance de la force armée et de ceux qui la commandent, quand ils le jugent utile. C'est le même pouvoir qui appartient aux préfets, en temps ordinaire. Ce sont aussi les honneurs attribués aux préfets qui doivent leur être rendus.

« Au nom des circonstances, ils ont dû être investis d'une puissance plus grande encore : c'est celle de suspendre momentanément les chefs de corps dont ils considéreraient la présence comme dangereuse.

« Cette puissance, ils l'exercent également à l'égard des fonctionnaires civils ; mais aucune destitution ne peut être prononcée que par le Gouvernement.

« Quelque exorbitant que puisse, au premier coup d'œil, vous paraître un semblable droit, vous reconnaîtrez facilement que, placés en face de l'imprévu, chargés de maintenir, à tout prix, la tranquillité publique, et de faire exécuter les ordres du Gouvernement, ils avaient besoin de voir toute l'autorité du Gouvernement concentrée dans leur seule main.

« Le ministre de l'intérieur veillera à ce qu'il n'en soit fait aucun abus.

« De votre côté, vous sacrifierez au repos public, à l'intérêt du pays, tout ce qui pourrait troubler la bonne harmonie, si nécessaire au maintien de l'ordre.

« Je ne vous interdis pas, cependant, de me confier ce qui aurait pu vous blesser. Je serai d'autant plus empressé à écouter vos observations et à leur donner la suite convenable, que vous aurez su vous-même apporter plus de conciliation et de prudence dans vos actions.

« Il importe au salut de la France qu'aucune division ne se manifeste entre les agents du Gouvernement, à quelque catégorie qu'ils appartiennent. Après ces mots, je compte trop sur votre dévouement au pays pour avoir rien à ajouter.

« Nous n'avons tous qu'un but : le maintien des principes républicains, le respect de l'ordre et des lois.

« C'est vers ce but que doivent tendre, en commun, tous nos efforts, sans en être écartés par aucune considération secondaire.

« Vous m'accuserez réception de cette lettre, et vous donnerez aux généraux sous vos ordres des instructions dans le même sens. »

Je crus devoir répondre à cette circulaire aussitôt, et, si je publie cette réponse, ce n'est pas parce qu'elle est de moi, mais c'est que j'ai la conviction intime que tous les généraux, dans ma position, ont protesté comme moi, sinon dans les mêmes termes, du moins dans les mêmes sentiments.

« Lyon, le 14 mars 1848.

« J'ai l'honneur de vous accuser réception de votre lettre confidentielle du 11 de ce mois, concernant la nature de la mission confiée aux commissaires du Gouvernement provisoire envoyés dans les départements.

« Je n'avais pas attendu cette instruction pour établir mes rapports de service avec ces commissaires dans l'étendue de la 7e division, et surtout au chef-lieu, de manière à seconder, autant qu'il dépendait de moi, l'autorité de ces envoyés extraordinaires pour tout ce qui pouvait intéresser le bien de la République, la protection à donner aux personnes et aux propriétés.

(Ici était la copie de mon ordre du jour cité plus haut.)

« Vous me dites, Monsieur le ministre, que l'autorité de ces commissaires est celle du pouvoir exécutif, telle qu'elle est réglée par les lois, telle qu'elle est commandée par les circonstances. Vous ajoutez qu'au nom des lois, les chefs militaires sont, sous un certain rapport, sous leurs ordres, en ce sens qu'ils peuvent requérir l'assistance de la force armée et de ceux qui la commandent, quand ils le jugent utile. C'est le même pouvoir qui appartient aux préfets en temps ordinaire. Ce sont aussi les honneurs attribués aux préfets qui doivent leur être rendus.

« Je ne présenterai à ce sujet qu'une seule objection, c'est que les rapports entre l'autorité civile et l'autorité supérieure militaire sont réglés, en ce qui concerne le maintien de la tranquillité publique, par la loi du 10 juillet 1791, titre 5; que, d'après cette loi, le commandement militaire n'agit que d'après la réquisition par écrit des officiers civils, et, autant que faire se pourra, qu'après s'être concerté avec eux. Le chef militaire est donc tenu, sous sa responsabilité, d'obtempérer aux invitations et réquisitions de l'autorité civile, mais, en même temps, les militaires de tout grade n'ont d'ordres à recevoir que de leurs chefs. C'est ainsi que j'ai jusqu'ici compris mes devoirs; telle est aussi la règle de conduite que j'ai tracée aux officiers généraux employés dans la 7e division ; en même temps que je leur ai recommandé de prêter leur concours le plus empressé aux commissaires du Gouvernement, pour appuyer leurs actes, seconder leur autorité, et contribuer, enfin, de tout leur pouvoir au bien de la République. Je leur ai rappelé que, sauf les réquisitions prévues par la loi précitée, et qui obligent les commandants de la force armée, dans les diverses localités, les militaires n'avaient à recevoir d'ordres que de leurs chefs directs; que les généraux de brigade obéiraient donc seulement à mes ordres, comme moi à ceux que je recevrais de vous.

« Maintenant que la République est reconnue par toute la France, que toute l'action gouvernementale tend, comme vous le dites, à la régulariser, je me persuaderais difficilement qu'il fût avantageux à la chose publique de confondre des pouvoirs jusque-là distincts. Ainsi, dans mon opinion, le commandement militaire est incontestablement à la réquisition du commissaire du Gouvernement et de toute autorité légale, mais il n'est point à ses ordres. Ces commissaires sont en possession de tous les droits, en jouissance de tous les honneurs attribués aux préfets ; rien de mieux ; moi-même je n'ai pas hésité à mettre de côté toute susceptibilité, toute prétention aux préséances ; à leur attribuer des honneurs supérieurs à ceux indiqués par votre dépêche, et à leur montrer la plus grande déférence comme à de hauts fonctionnaires investis de pouvoirs politiques et administratifs tout à la fois ; mais je ne me suis pas moins considéré comme étant seul en droit de donner des ordres aux troupes, sous votre autorité, et en vertu des pouvoirs qui me sont attribués par les règlements militaires. Je crois avoir suffisamment expliqué la différence qui me paraît établie par la loi entre un ordre et une réquisition.

« Je vous demanderai maintenant la permission d'examiner le paragraphe de votre dépêche ainsi conçue :

« *Au nom des lois, les chefs militaires sont, sous un certain rapport, sous leurs ordres, en ce sens qu'ils peuvent requérir l'assistance de la force armée et de ceux qui la commandent, quand ils le jugent utile. C'est le même pouvoir qui appartient aux préfets ; en temps ordinaire, ce sont aussi les honneurs attribués aux préfets qui doivent leur être rendus.*

« *Au nom des circonstances, ils ont dû être investis d'une puissance plus grande encore ; c'est celle de suspendre momentanément les chefs de corps dont ils considéreraient la présence comme dangereuse. Cette puissance, ils l'exercent également à l'égard des fonctionnaires civils ; mais aucune destitution ne peut être prononcée que par le Gouvernement.*

« Vous reconnaissez vous-même, Monsieur le ministre, qu'un semblable droit peut d'abord paraître exorbitant, mais vous ajoutez que ces commissaires, chargés de maintenir à tout prix la tranquillité publique, avaient besoin de voir concentrer dans leurs mains toute l'autorité du Gouvernement, et que le ministre de l'intérieur veillera à ce qu'il n'en soit fait aucun abus. Vous me recommandez de sacrifier, de mon côté, au repos public, à l'intérêt du pays, tout ce qui pourrait troubler la bonne harmonie si nécessaire au maintien de l'ordre, vous m'autorisez cependant à vous confier ce qui pourrait me blesser.

« J'userai, dès cet instant, de cette faculté, en vous prévenant d'abord, Monsieur le ministre, que je n'ai à me plaindre de personne ; et si je vous demande la permission de traiter cette question avec une certaine liberté, je le ferai sans prévention, et dans le but unique de concourir loyalement à ce que je crois être le bien public, l'intérêt de la discipline, du bon esprit de l'armée, qui intéressent à un si haut degré la tranquillité publique, qu'il s'agit de maintenir et de consolider de plus en plus.

« Selon moi, les troupes de la 7e division militaire ne laissent rien à désirer, sous le rapport de la discipline, de l'obéissance à leurs chefs et du patriotisme.....

« Mais, pour que la discipline puisse être exactement maintenue, pour que les militaires de tous grades continuent à obéir à la voix de leurs chefs, la puissance militaire seule doit, à mon avis, prévaloir dans l'armée.

« S'il appartenait à un commissaire extraordinaire, étranger à l'état militaire, plus ou moins ignorant de son organisation, des liens qui resserrent la discipline, de suspendre des chefs de corps de leurs fonctions, sauf à en référer au Gouvernement pour faire prononcer leur destitution, quel chef pourrait désormais se croire à l'abri d'une mesure qui briserait infailliblement sa carrière, alors même que son innocence serait ensuite reconnue ? Qui peut avoir longtemps exercé le commandement, même avec une grande modération, sans avoir été dans le cas de léser des intérêts, de froisser des amours-propres, de sévir enfin contre des subordonnés, dont la manière de servir ou la conduite privée laissent plus ou moins à désirer ?

« . . . .

« Si donc un commissaire du Gouvernement peut, sans consulter le commandant militaire, ou lui faire part de ses motifs, suspendre un chef de corps, que devient l'autorité que ce commandant tient de son grade et de la confiance du Gouvernement ? N'est-ce pas le mettre lui-même en suspicion ?

« . . . .

« Il suffit de connaître la constitution de l'armée pour être effrayé des conséquences que pourrait avoir l'application, en son entier, de votre dépêche précitée.

« J'ajouterai que cette dépêche perd nécessairement le caractère confidentiel que vous vouliez lui conserver, du moment où la circulaire du ministre de l'intérieur aux commissaires du Gouvernement provisoire, insérée au *Moniteur universel* du 12 courant, porte expressément, § 2, que la force armée est sous les ordres de ses commissaires, et que, dans les cas graves, ils peuvent suspendre les chefs de corps.

« Je n'ai plus rien à ajouter à cet exposé, Monsieur le ministre, si ce n'est que je suis prêt à tous les sacrifices dans l'intérêt du repos public, dans l'intérêt du pays, pourvu toutefois que ces sacrifices soient compatibles avec les droits et les devoirs de mon commandement. Si donc les généraux de brigade employés dans la division et moi étions sous les ordres non-seulement d'un, mais de six commissaires des six départements de ma division, au lieu d'être seulement sous les vôtres ; si des chefs de corps pouvaient être suspendus par cette autorité étrangère à l'armée, je ne croirais plus pouvoir répondre de la discipline des troupes dont le commandement m'est confié, je ne me sentirais plus en état de faire respecter les pouvoirs de

chacun de mes subordonnés, suivant les règles de la hiérarchie.

« Soyez bien persuadé, Monsieur le ministre, que je crois
remplir consciencieusement un devoir en vous suppliant d'examiner, avec une bienveillante attention, les observations contenues dans la présente.

« En attendant de nouveaux ordres de votre part, *je ne crois
pas devoir communiquer aux généraux* de brigade votre dépêche du 11 courant, que, pour mon compte, je considère comme
confidentielle.

« Je me flatte que vous daignerez avoir égard aux observations respectueuses que j'ai l'honneur de vous soumettre ;
mais je n'aurais pas dit toute ma pensée, si je ne vous décla-
rais, dès cet instant, que je ne me sentirais pas la force et la
résignation nécessaire pour exercer le commandement de la
7ᵉ division militaire, sans les pouvoirs qui m'ont jusqu'à ce
jour paru indispensables pour répondre de l'obéissance et de
la bonne conduite des troupes, soit pour concourir au maintien
de l'ordre dans l'intérieur, conformément à la loi, soit pour
défendre énergiquement le territoire, s'il était menacé par
l'ennemi du dehors. »

Investi de l'un des commandements les plus importants, j'é-
tais pénétré de l'étendue des devoirs qui m'étaient imposés,
non-seulement de défendre les prérogatives de l'autorité, mais
encore les institutions qui étaient sous sa sauvegarde.

Alors que l'action gouvernementale tendait à se régulariser,
je ne pouvais me persuader qu'il fût avantageux à la chose
publique de confondre des pouvoirs jusque-là distincts.

L'armée est obéissante, toujours prête à faire ce que demande l'autorité légale, sous la forme et dans les conditions
déterminées par les lois qui tracent les rôles de chacun. Ma
soumission aux lois était entière, accompagnée d'un dévoû-

ment absolu à tout ce qui peut intéresser l'ordre et le bien public; mais je pensais que, si les généraux devaient être, non
à la réquisition, mais aux ordres des commissaires du Gouvernement envoyés dans les six départements de la division ; que,
si les chefs de corps pouvaient être suspendus par une autorité
étrangère à l'armée, sans que le général commandant fût prévenu des motifs d'une semblable mesure, rien ne serait plus
funeste pour la discipline, plus subversif de toute organisation militaire.

Je pensais encore que les pouvoirs des commissaires sur
l'armée étaient *inutiles* et *dangereux* : *inutiles*, parce que les
généraux de division, responsables de la discipline, de la conduite des troupes, de la bonne impulsion donnée par les chefs
de corps, sont toujours révocables, et que, si le Gouvernement
croit avoir à se plaindre d'eux, il peut aussitôt les remplacer
par d'autres qui répondent mieux à ses intentions.

Dangereux, parce que les militaires ne doivent recevoir d'ordres que de leurs chefs directs ; que ceux-ci ne peuvent faire
respecter leur autorité qu'à ce prix, et que l'introduction dans
l'armée d'un pouvoir étranger, quel qu'il soit, peut ébranler,
jusque dans ses fondements, l'organisation la plus forte qui
existe, et pousser à l'indiscipline des corps soumis à leurs
chefs, et toujours, du reste, à la disposition de l'autorité légale.

J'avais d'ailleurs en mémoire cette époque de notre première
révolution, où les commissaires de la Convention, envoyés aux
armées, avaient fait tant de mal, où tant de dénonciations ba-
sées sur la haine, où tant de calomnies avaient amené de braves militaires jusque sur l'échafaud, et sans craindre précisé-
ment ces excès, j'en redoutais les avant-coureurs qui pouvaient
ébranler l'obéissance, ternir le commandement et détruire la
discipline.

En ne communiquant pas (et elle ne le fut jamais), en ne communiquant pas, dis-je, aux officiers généraux sous mes ordres la circulaire ministérielle du 11 mars précitée, dont je craignais d'autant plus les effets, qu'elle était publique; en lui conservant, au contraire, officiellement, et dans mes rapports, sa forme confidentielle, j'avais pour but de laisser au ministre son libre arbitre vis-à-vis de moi, d'après les observations respectueuses que je lui avais soumises, et je ne me trompais pas.

Le général ministre de la guerre, dans ces premiers jours de la Révolution, où tout était en question, n'avait dû signer cette circulaire qu'avec une extrême répugnance.

Il donnait son approbation à ma conduite, en laissant ma lettre sans réponse. Ce silence maintenait mes pouvoirs dans la même étendue, et approuvait implicitement la ligne de conduite que je m'étais tracée dans mes rapports avec M. le commissaire du Gouvernement.

Aussi m'empressai-je de saisir l'occasion qui ne tarda pas à m'être donnée, sans doute à l'abri de la circulaire du ministre de l'intérieur, pour conserver les pouvoirs dans leurs justes limites.

Répondant à diverses mesures de détail, qui, seules, ressortissaient de l'administration intérieure de mon commandement, j'écrivis, à la date du 16 mars 1848, au commissaire du Gouvernement la lettre suivante :

« Permettez-moi de vous faire observer que le dernier paragraphe de la lettre à laquelle je réponds est conçu en des termes impératifs que je ne puis admettre, attendu que vous ne pourriez vous autoriser en cela d'un acte du Gouvernement, mais sur la circulaire seule de M. le ministre de l'intérieur (M. Ledru-Rollin), insérée dans le *Moniteur* du 12 courant, et que je ne relève pas de ce ministre.

« J'ai reçu, il est vrai, une instruction confidentielle du ministre de la guerre, sur laquelle je lui ai soumis des observations également confidentielles; et jusqu'à sa réponse, les choses doivent demeurer dans l'état où elles étaient avant. Si, par la réponse du ministre de la guerre, il était établi que l'autorité militaire fût placée sous les ordres du commissaire du Gouvernement, je saurais alors le parti que j'aurais à prendre.

« Jusque-là, je vous prie de vous abstenir de me donner *des ordres formels.*

« Quant aux réquisitions que vous pouvez être dans le cas de m'adresser, conformément à la loi, notamment à celle du 10 juillet 1791, vous me trouverez toujours prêt à y obtempérer et à y concourir de tout mon pouvoir. »

Déjà, à cette époque, des désordres de tous genres, des actes de violence, avaient été commis en plein jour. J'avais offert au commissaire du Gouvernement mon intervention pour les apaiser, je n'avais pas été accueilli.

Une chose m'inquiétait surtout, c'était l'occupation du fort des Bernardines par la population des faubourgs.

Ce fort, il est bon de se le rappeler, était au pouvoir de l'émeute avant mon arrivée à Lyon.

Dans le système que je croyais seul salutaire, surtout dans ces temps de trouble, ce fort devait, comme les autres, être gardé par les troupes.

Dès le principe, j'avais proposé au commissaire du Gouvernement d'amener, par une vigoureuse démonstration, la reddition de cette forteresse : celui-ci avait encore refusé, et, voulant négocier seul cette affaire, avait accepté les conditions que l'on avait consenti à lui faire.

Or, tel était le déplorable résultat de ces conditions.

Les occupants étaient sortis, mais ils avaient emmené neuf pièces de canon, 900 kilog. de poudre, 26,000 cartouches à balles, plus 50,000 cartouches à poudre et d'autres munitions, qui furent transportés à la Croix-Rousse.

Cherchant toujours la conciliation et confiant dans l'avenir, je voulus éclairer la religion du commissaire du Gouvernement par la lettre suivante :

« Lyon, le 16 mars 1848.

« Le général d'artillerie me rend compte qu'après avoir pénétré dans les Bernardines, il a reconnu que neuf pièces de canon sur leurs affûts, 26,000 cartouches à balles et 900 kilog. de poudre, avaient été enlevés par les ouvriers, qui s'y étaient établis de leur autorité, sans parler de tous les dégâts occasionnés dans les objets de literie.

« Après toutes les pertes, nous ne sommes point maîtres du quartier, puisque nous ne pouvons y entrer, ni l'occuper. Malheureusement une partie de mes prévisions s'est réalisée.

« Dans la dernière conversation que j'ai eu l'honneur d'avoir avec vous, lorsque vous me parlâtes d'arriver, par des négociations, à faire occuper le quartier par la garde nationale de la Croix-Rousse, je vous exprimai mon éloignement pour ce moyen de temporisation, qui changerait une occupation irrégulière en une occupation qui aurait presque un caractère de légalité, et qui nous mettrait dans l'impossibilité d'y pénétrer.....

« J'espère me tromper ; c'est le temps qui nous l'apprendra, mais ce que j'ai vu dès le premier jour, c'est qu'en continuant de temporiser avec eux, nous ne ferions que les encourager dans leur résistance.

« Je vous ai dit plusieurs fois qu'après avoir épuisé les moyens de conciliation, je pourrais m'en rendre maître par la force en un quart d'heure.

« Si cet avis eût prévalu, nous n'aurions point perdu nos

munitions ni nos canons, et la confiance dans la force du Gouvernement n'aurait pas été ébranlée. Nous n'aurions pas contre nous des moyens de résistance directement établis contre l'autorité légale, et dont on ne s'est évidemment emparé que pour les tourner contre nous. Maintenant, si vous avez des moyens de police, comme je n'en doute pas, pour savoir où les objets soustraits peuvent se trouver déposés, je pense que vous userez de tous ceux en votre pouvoir pour que nous rentrions en possession des canons et munitions, et vous me trouverez tout disposé à vous seconder pour atteindre ce but si désirable. »

Je ne fus pas écouté davantage, et mes prévisions ne tardèrent pas à se réaliser sous les yeux mêmes du commissaire du Gouvernement.

Cette capitulation avec l'émeute, entre les mains de laquelle on avait laissé des armes et des munitions, avait eu ses fâcheuses conséquences.

Des voitures avaient été arrêtées et fouillées sous le prétexte d'y chercher encore des munitions et des armes; des visites domiciliaires à main armée avaient été faites; entre autres violences, un magistrat, arrêté en pleine rue, en plein jour, avait été amené, la corde au cou, à la Croix-Rousse, et enfin des convois d'armes expédiés par le Gouvernement avaient été mis au pillage sous les yeux mêmes de la police.

Quelles mesures furent prises pour prévenir ou arrêter ces désordres? Le rappel fut-il battu une seule fois? et l'autorité militaire fut-elle une seule fois requise?

Cependant M. le commissaire du Gouvernement, prévenu par moi des périls qui menaçaient, avait reçu verbalement, et par écrit, on l'a vu, les offres de mon concours et de celui des troupes à sa première réquisition.

Je ne m'arrêtai pas là cependant. Justement ému des dangers que courait Lyon, cette cité populeuse, livrée, en quelque sorte, sans résistance à toutes les exigences de ses nouveaux maîtres, pressé par les plaintes des hommes d'ordre, j'allai avec le général de brigade, sous mes ordres, trouver M. le commissaire du Gouvernement, pour lui représenter qu'il était toujours temps de recourir aux moyens qui devaient mettre un terme au désordre qui était à son comble, et je lui demandai *s'il appelait un gouvernement celui où l'émeute était en armes dans la rue.*

Ma démarche fut encore vaine.

Ne pouvant m'entendre avec le commissaire du Gouvernement, je voulus le faire, du moins avec les autorités civiles, et notamment avec le maire provisoire de Lyon. Je mis à sa disposition mon concours actif pour toutes les mesures qu'il conviendrait de prendre dans l'intérêt de l'ordre. Ces mesures étaient d'autant plus urgentes, que les concessions, déjà faites à l'émeute, autorisaient les désordres les plus graves.

Cette fois je fus compris, et secondé, je dois le dire, par quelques membres du conseil municipal, et surtout par le maire, qui montra dans cette occasion autant de sollicitude que de patriotisme. Je voulus en outre mettre ma responsabilité à l'abri en instruisant le ministre de la situation et de ma conduite à venir.

Les trois lettres qui suivent prouvent ce que je viens d'avancer, et donnent une idée de la situation.

Le 23 mars, j'écrivais au ministre :

« J'ai l'honneur de vous rendre compte, à ma manière de voir, de la situation de Lyon..... Il me paraît difficile que les ouvriers ne soient pas privés de travail à une époque plus ou moins rapprochée. La crise financière pèse particulièrement sur cette cité où beaucoup d'habitants se voient journellement obligés, faute de fonds, deréduire le nombre des personnes employées par elles.

« Dans cet état de choses, on peut redouter d'un instant à l'autre de voir se renouveler des manifestations propres à ralentir le commerce déjà si languissant, et à inquiéter les citoyens paisibles.

« Je vous ai rendu compte le 17 courant de l'enlèvement de neuf bouches à feu, d'une quantité considérable de munitions de guerre en dépôt dans les magasins de l'artillerie, au quartier des Bernardines. Depuis cette époque, j'ai été informé que ce magasin avait été presque entièrement vidé par ceux qui s'y étaient établis de leur propre autorité, et qui avaient fait la remise de ce poste à la garde nationale de la Croix-Rousse.

« Il résulte de là que la portion la plus agissante de la population, celle qui ne fait pas régulièrement partie de la garde nationale, a cependant des armes et une quantité considérable de munitions de guerre. N'est-il pas permis de supposer qu'après des manifestations, peut-être inoffensives, elle voudra faire l'essai de sa force ?

« Les troupes de la garnison sont disciplinées, soumises à leurs chefs, et animées de sentiments vraiment patriotiques, mais elles ne peuvent agir dans l'intérieur que comme auxiliaires de la garde nationale et sur la réquisition de l'autorité civile.

« Dans cette situation, je crois devoir me borner à maintenir les troupes placées sous mon commandement, et à prendre les mesures de précaution commandées par la prudence et l'expérience, pour qu'elles puissent se faire respecter au besoin, et qu'elles restent intactes, prêtes à soutenir le Gouvernement et à appuyer les actes de l'autorité légale. »

Comme complément, et pour fixer ma position, j'envoyais encore le même jour au ministre la lettre suivante :

« J'ai eu l'honneur de vous écrire le 14 de ce mois, confidentiellement, en réponse à votre circulaire également confidentielle du 11, sur les pouvoirs attribués aux commissaires du Gouvernement provisoires dans les départements.

« D'après votre circulaire du 16 courant, les rapports entre les autorités civiles et militaires, en ce qui concerne le maintien de la tranquillité publique, sont rétablis sur le pied déterminé par la loi du 10 juillet 1791, à laquelle je me conformerai, non-seulement avec exactitude, mais encore avec empressement par rapport aux réquisitions que l'autorité civile pourrait m'adresser.

« Quant aux ordres proprement dits, je persiste à croire que les militaires ne doivent en recevoir que de leurs chefs. Je m'en réfère à cet égard et pour ce qui concerne le droit de suspendre des chefs de corps à ma lettre précitée du 14 courant, que je vous supplie de vous faire représenter.

« Permettez-moi, monsieur le ministre, de demander instamment une prompte réponse à cette lettre. »

Le lendemain je mandais au maire de Lyon :

« Lyon, le 24 mars 1848.

« D'après les motifs exposés dans votre lettre de ce jour, et ce dont vous avez bien voulu m'entretenir verbalement, je reconnais qu'il y a *urgence* à armer dès cet instant une partie de la garde nationale de Lyon encore privée d'armes.

« En conséquence, je prends sur moi de donner des instructions à M. le général commandant l'artillerie, pour que, sur la présentation des *bons d'urgence*, signés par vous, et revêtus de mon visa, il vous soit délivré des arsenaux de l'Etat jusqu'à concurrence de 1,360 fusils, par anticipation et à compte sur les armes dont le ministre de la guerre ordonnera sans doute la délivrance, conformément à sa circulaire du 4 mars courant, que j'ai eu l'honneur de vous communiquer, et sur la demande du commissaire du Gouvernement provisoire dans le département du Rhône. »

Une lettre prévenait le commissaire du Gouvernement de cette mesure.

Il est difficile, je crois, étant chef militaire habitué à ne pas temporiser par l'habitude de la discipline et de l'ordre, de mettre plus de prudence, de bonne volonté et de patience que je n'en employai dans cette occasion.

Je n'eus du reste qu'à me féliciter de la résolution que j'avais prise dans l'intérêt général, car pendant que je faisais ces derniers efforts, des faits graves que je pressentais s'accomplirent tout à coup.

La lettre officielle qui suit en contient le récit :

« Lyon, le 24 mars 1848.

« A Monsieur le Ministre de la guerre,

« J'ai eu l'honneur de vous rendre compte, le 17 courant, de l'enlèvement de neuf bouches à feu, d'une assez grande quantité de munitions de guerre, par les hommes qui s'étaient établis de leur propre autorité à la caserne des Bernardines à Lyon.

« Deux faits nouveaux sont venus aggraver cet état de choses, et je crois devoir vous en prévenir.

« Sur la demande du maire de la Croix-Rousse, en exécution d'une délibération du conseil municipal de cette localité, et d'accord avec le maire de Lyon, un détachement d'artillerie se présenta le 22 courant audit quartier, pour enlever les poudres qui y restaient encore, attendu la démolition projetée du bastion sur lequel se trouve la poudrière.

« Comme j'étais peu confiant dans le résultat de cette opération malgré les instances réitérées de l'autorité locale, j'avais prescrit de la susprendre à la première manifestation qui pourrait avoir lieu pour s'y opposer. Ce que je redoutais n'a pas tardé à arriver : car, à peine les artilleurs se mettaient-ils en devoir de charger leurs voitures pour opérer le transport des poudres, qu'un rassemblement nombreux s'est formé autour du quartier, et, malgré la présence du maire de la·Croix-Rousse, qui fut insulté, menacé et contraint de se retirer, le détachement d'artillerie a dû rentrer sans avoir pu accomplir sa mission. Je ne puis prévoir s'il me sera possible de retirer la moindre chose des magasins des Bernardines ; je n'ose m'en flatter : nous n'avons pu, jusqu'à ce jour, rentrer en possession d'un seul des objets saisis.

« J'ajouterai que deux convois d'armes destinés pour l'Italie et confiés à l'entreprise des transports de la guerre étant arrivés ici dernièrement, des attroupements se sont formés autour de ces armes qui ont été distribuées aux citoyens réunis devant la manufacture des tabacs et la mairie de Vaize : ces convois étaient d'environ cinq cents fusils chacun.

« Au premier avis de la formation de ces attroupements, j'avais consigné les troupes afin d'être en mesure de satisfaire aux demandes de l'autorité civile, si j'étais requis par elle pour assurer la conservation et la libre circulation de ces armes.

« Mais cette réquisition n'a point eu lieu. Comme je n'ai aucune initiative à prendre en ce qui concerne la tranquillité publique, la protection à donner aux personnes et aux propriétés, je me borne à vous confirmer ce que j'ai déjà eu l'honneur de vous dire dans mes précédents rapports : c'est que cette situation me semble mériter la sérieuse attention du Gouvernement. »

Certes, je n'épargnais pas à l'autorité supérieure mes

craintes, mes avis et mes prières pour faire cesser le déplorable conflit qui existait, pour montrer ma bonne volonté et mon dévouement.

Cependant le commissaire du Gouvernement, qui avait refusé mon concours pour le fort des Bernardines, et laissé à l'émeute des armes quelle tournait contre nous, avait compris sa faute, et cherchait à la réparer par sa seule influence.

Il se rendit de sa personne à la Croix-Rousse, mais cette fois encore ses efforts furent vains, son autorité compromise et sa vie en danger.

Le 25 j'écrivis au ministre :

« Pour faire suite à mon rapport du 24 courant, j'ai l'honneur de vous rendre compte de deux faits nouveaux survenus dans cette ville, et que je crois de mon devoir de vous signaler.

« Hier, dans l'après-midi, M. le commissaire du Gouvernement, dans le département du Rhône, jugea à propos de se transporter à la Croix-Rousse pour faire restituer les bouches à feu et les munitions qui avaient été enlevées des Bernardines, ainsi que j'ai eu l'honneur de vous en rendre compte.

« Prévenu, vers quatre heures et demie du soir, par M. le maire de Lyon, que M. le commissaire du Gouvernement était retenu à la Croix-Rousse, je prescrivis immédiatement de réunir les troupes dans les casernes les plus à proximité ; mais cette précaution fut ensuite inutile : après avoir été gardé pendant un certain temps, menacé et même, assure-t-on, couché en joue, M. le commissaire put rentrer à la préfecture, mais non sans avoir fait, dit-on, la promesse de surseoir à la remise des canons pris à l'artillerie, ainsi qu'à l'enlèvement des poudres qui peuvent se trouver encore aux Bernardines.

« Aujourd'hui j'ai été informé que 30 caisses d'armes, venant de Marseille à la destination de Saint-Etienne (Loire), et confiées à l'entrepreneur des transports de la guerre, étaient déposées à l'embarcadère du chemin de fer, et, peu après, que ces caisses étaient gardées à vue par des gens du peuple ; enfin, que les armes contenues dans ces caisses avaient été distribuées comme celles des précédents envois.

« Quel que soit l'ordre introduit dans ces distributions, s'il y en a eu, je ne puis me dispenser d'y voir une grave atteinte portée à une propriété de l'État, à la libre circulation d'objets dont le transport est autorisé par qui de droit.

« Je m'abstiens de toute réflexion sur ces faits, mais, comme je suis appelé par la loi à concourir au maintien de la tranquillité publique, je considère comme un devoir de vous déclarer qu'il est urgent de faire suspendre les envois d'armes, surtout lorsque les convois devront traverser Lyon. J'ajouterai que, dans mon opinion, la situation de cette ville s'aggrave journellement, et qu'elle réclame la plus sérieuse attention du Gouvernement, d'autant plus que la confiance des citoyens paisibles tend à s'affaiblir.

« Ces observations me sont particulièrement suggérées par la position fausse dans laquelle se trouvent l'autorité militaire et les troupes qui sont obligées de rester paisiblement l'arme au bras, spectatrices de violations aussi flagrantes, d'atteintes aussi sérieuses à l'autorité du Gouvernement. »

Au moment où je traçais ces lignes avec confiance, espérant qu'enfin le Gouvernement porterait dans cette affaire la puissance de son appui et de sa justice, une circonstance toute spéciale au chef militaire et au commissaire du Gouvernement de Lyon se présenta pour tout compliquer.

Le père du commissaire du Gouvernement devint ministre de la guerre par *intérim*.

Celui qui l'avait précédé avait gardé le silence, comme je l'ai dit, sur ma lettre en réponse à la circulaire que j'avais refusé de communiquer aux chefs de corps, et qui mettait l'autorité militaire sous la dépendance de l'autorité civile. Ce silence avait approuvé ma résolution et ma conduite. Il n'en fut pas de même du nouveau ministre, père du commissaire du Gouvernement. Il s'empressa de répondre à ma dépêche du 14 et m'écrivit, à la date du 28, la lettre suivante, que, par un sentiment de haute convenance, je ne veux pas caractériser :

« Votre lettre du 14, me disait-il, est une discussion qu'on pourrait suivre en temps ordinaire. . . . . Dans la situation où nous sommes, elle est peu opportune : les principes les plus justes sont souvent inapplicables, d'une manière absolue, dans le cours habituel des choses, à plus forte raison aujourd'hui.

« Nous sommes tous d'accord sur le but à atteindre : *Maintenir la République,* et, autant que les moyens humains et les circonstances le permettront, conserver l'ordre moral dans les esprits, l'ordre légal dans les faits.

« Le moyen d'atteindre ce but, c'est de conserver l'accord entre les divers pouvoirs de l'État : pour cela, il faut avoir recours aux conseils, aux explications, aux condescendances réciproques qui éclairent et qui rapprochent, et s'abstenir des discussions qui aigrissent et qui divisent. En un mot, c'est au fond des choses et non à leur forme qu'il faut s'attacher.

« Tout ce que vous ferez dans le sens de ces instructions sera approuvé. »

On appréciera cette réponse signée de la main d'un ministre et d'un père.

Pour moi, comme si mon dévouement et mon courage devaient être mis à toutes les épreuves, comme si les faits devaient toujours donner raison à mes prévisions, je reçus cette dépêche le 29, jour où le plus grand danger, pendant le temps de mon commandement, vint menacer à la fois mon autorité et ma personne.

Dans une cité d'une population aussi nombreuse, et qui cherche toujours, dans ces circonstances de troubles, quelques moyens de capter l'armée, il est difficile qu'il n'y ait pas contact, et que ce contact ne communique pas quelques-unes de ses mauvaises influences.

C'était dans ce cas surtout que j'aurais dû compter à bon droit sur le concours de l'autorité civile, qui, réunissant ses efforts aux miens, pouvait empêcher le mal. Ce concours me fut refusé sur ce point, comme sur tout autre, malgré ma persistance à l'offrir de mon côté.

Réduit à mes propres forces, je surveillais sans cesse ce côté vulnérable du soldat, et j'avais donné les instructions les plus sévères aux divers chefs de corps pour éveiller leur sollicitude à cet égard.

Peu de faits de ce genre eurent lieu, il est vrai, mais, quelque isolés qu'ils fussent, la contagion était à craindre comme une traînée de poudre.

J'étais informé qu'un régiment d'artillerie était surtout en butte aux captations des clubs. Un sous-officier s'y faisait remarquer par son exaltation, ses propos et ses menaces. Habitué des clubs, il entraînait quelques-uns de ses camarades, et prononçait les discours les plus passionnés. Sur quelques observations de la saine partie du régiment, il avait éclaté en injures, et tentait par la terreur d'imposer sa volonté, à tel point que plusieurs soldats étaient allés s'en plaindre au colonel et demander son éloignement.

Sur des remontrances sages qui lui furent faites, il s'était emporté au point de menacer de mettre le feu au quartier.

Ces faits me furent dénoncés par son colonel et par le général de brigade, qui, tout en me montrant le danger et l'indiscipline

d'une pareille conduite, demandèrent d'appliquer à ce sous officier une peine disciplinaire à la citadelle de Grenoble, afin de
l'éloigner du régiment.

Comme ses chefs, je ne pus voir l'exercice d'un droit dans
ces propos, dans cette conduite et dans ces actes d'insubordina-
tion. En conséquence, je souscrivis à la punition demandée.

Ce sous-officier fut mis entre les mains de la gendarmerie,
et dirigé sur Grenoble, où il devait subir la peine disciplinaire.

Cette nouvelle fut répandue, quelques heures après, parmi
les *Voraces*, et retentit dans les clubs.

Ce corps de Voraces que j'avais trouvé installé, et que j'avais
proposé de dissoudre, était une réunion d'hommes armés, la
plupart, des armes prises à l'État, et notamment au fort des
Bernardines; sans organisation, sans discipline, sans forme légale, il existait par la terreur; ramassis d'enfants perdus,
d'hommes tarés, ayant le caractère et l'aspect des bandits, ces
gens-là voulaient prendre place dans l'armée, et avaient la ri-
dicule ambition d'être mis sur le même rang, ou même avant.
C'étaient les hommes les plus à craindre pour le soldat qu'ils
cherchaient toujours à entraîner.

Ce sous-officier était leur idole; son langage, ses allures leur
plaisaient, et ils comptaient sur lui, sans doute, pour leur atti-
rer ses camarades.

C'était, en quelque sorte, frapper un des leurs que de le pu-
nir, et, à la nouvelle de son arrestation, leur colère n'eut plus
de bornes. Ils parcoururent même les clubs, qui n'avaient pas
besoin d'être excités.

Dès le soir même, je fus instruit de tous ces détails, à une
heure avancée de la nuit, par un des chefs du club de l'Union,
siégeant à la Croix-Rousse. Il ajouta que le danger était im-

minent, qu'on se rendrait chez moi le lendemain pour me dicter des conditions.

Il me répéta des paroles prononcées et applaudies dans son club. Ces paroles étaient des menaces de mort.

Cet homme, dont je n'ai pas à juger ici les opinions, mais qui, du moins, repoussait la lâcheté de l'assassinat, me supplia de partir, pour me soustraire au danger qui me menaçait, à la trahison dont je pouvais être victime.

Il me rappela l'assassinat du général Ramel, massacré à Toulouse par les *Verdets*, corps identique à celui des Voraces, dans une autre ligue politique, parce que, comme moi, ce général avait refusé de les reconnaître.

Cet avertissement, ces conseils et cette comparaison, ne pouvaient ébranler ma résolution de rester à mon poste. Cette résolution, je la communiquai à cet homme, et le congédiai.

Cependant la situation était grave et pressante, et je me trouvais en face de deux dangers également redoutables. L'un était l'émeute proprement dite, l'autre l'entraînement des soldats que je pouvais craindre.

Quant à l'émeute de la part des Voraces et de leurs adhérents, j'étais en droit de croire que le commissaire du Gouvernement, pouvant être instruit mieux que moi par ses moyens de police d'un projet qui avait acquis toute la publicité possible, n'ignorait rien de ce qui se préparait contre moi. Quelle serait sa conduite dans cette circonstance? Je l'ignorais, ou plutôt j'en avais la triste certitude. A l'heure qu'il était, je n'avais reçu aucun avis de lui pour m'avertir et nous concerter. Aucune mesure n'avait été prise. Je vis clairement que, n'ayant pas le concours du commissaire du Gouvernement, je me trouverais réduit à mes propres forces.

Ces forces, je les avais en effet sous ma main. Je pouvais donner des ordres, réunir les troupes autour de moi, me défendre et répondre à la guerre par la guerre, si j'y étais contraint : mais de telles mesures me parurent pouvoir entraîner de trop graves conséquences.

L'armée, quoique obéissante et mieux disciplinée, était encore ébranlée par le souvenir de Paris et de Lyon même aux premiers jours de la révolution. Tenter son obéissance et sa discipline dans ces moments critiques, au moment où l'appui de l'autorité civile me manquait, et où son absence eût pu décourager le soldat, amener peut-être des malheurs et du sang, me semblait imprudent et peut-être dangereux.

Il ne s'agissait que de la défense de ma personne, je n'hésitai pas, je renonçai à ce projet.

Mais je ne crus pas devoir abandonner cette armée aux séductions de tout genre dont je la savais entourée en ce moment, et je voulus la sauver elle-même en la conservant pure et méritante.

J'étais instruit que, si la manifestation avait lieu, elle devait commencer par le colonel du régiment du sous-officier arrêté : je mandai ce colonel pour le prévenir de la fermentation des esprits, et eus peu de peine à lui inspirer la fermeté nécessaire pour maintenir la discipline de son régiment.

Je donnai également au général de brigade les instructions nécessaires pour se rendre au quartier et appuyer les soldats, s'il en était besoin, et j'attendis des nouvelles.

Ce fut dans l'intervalle que m'arriva la dépêche ministérielle dont j'ai donné connaissance, par laquelle le ministre de la guerre m'annonçait que l'autorité militaire devait courber la tête devant l'autorité civile.

Je ne puis rendre ici l'amertume des réflexions que cette dépêche excita en moi, et j'étais encore en proie à ces pensées pénibles, lorsque le bruit sinistre et grondant de l'émeute retentit, et je me trouvai bientôt face à face avec elle.

Déjà la grande porte de l'hôtel de la division était défoncée, le corps de garde brisé, les soldats désarmés.

Une foule frémissante au milieu de laquelle se trouvaient quelques soldats égarés de divers régiments, les Voraces, le peuple armé des propres fusils de ma garde, inondaient par milliers les abords de l'hôtel, les cours et bientôt les appartements.

Les premiers et les plus prompts se précipitaient de pièce en pièce, et accouraient au bruit des armes et des portes, aux cris de rage poussés de toutes parts jusque dans mon cabinet, où, entouré du chef d'état-major et de quelques officiers, j'attendais.

C'est qu'en effet, aucune des mesures prises n'avait pu apaiser cette révolte de pire espèce, qu'on appelait alors une manifestation.

Dès le matin, cette foule, moins nombreuse, s'était rendue, clairons en tête et dans une espèce d'ordre, chez le colonel.

Pendant ce temps, le général de brigade était allé de sa personne au quartier, mais là, entouré, pressé de questions, menacé, il avait été obligé de mettre pied à terre et de se réfugier dans une maison voisine, et son aide de camp, tiré en quelque sorte en bas de son cheval, avait disparu également.

C'était cette partie de l'émeute qui, ayant rejoint ceux qui sortaient de chez le colonel, et ne formant qu'une seule masse, entourait en ce moment mon hôtel et ma personne.

Ce qui se passa, ce qui se dit, ce qui se fit dans ce moment de délire du peuple, s'imagine et ne se raconte pas. Qu'il suffise de savoir que pendant trois heures je fus en proie aux cris et au tumulte de ceux qui exigeaient la mise en liberté du sous-officier. Pendant trois heures, j'entendis leurs clameurs, le bruit que faisaient les armes en frappant le parquet, les menaces qui m'étaient brutalement adressées.

Je refusai de la manière la plus positive aucune concession à l'émeute, et tins tête aux orateurs populaires qui, le fusil où le sabre à la main, m'adressaient mille interpellations.

Cependant, voyant qu'aucun secours ne m'arrivait de la part de l'autorité civile, les quelques officiers qui étaient près de moi me firent part à voix basse de leur étonnement.

La première heure de cette scène était à peine écoulée alors, et les choses tendaient à se prolonger; une idée subite me vint, et pour qu'il ne pût prétendre ignorer, pour qu'il dessinât sa conduite au grand jour, j'envoyai un officier prévenir sur le champ le commissaire du Gouvernement de ce qui se passait chez moi.

Mais la lutte continua, et nul secours ne m'arriva de ce côté, ni de sa personne. Les deux dernières heures s'écoulèrent comme la première, et au moment où, lassés des deux parts, un sinistre allait probablement éclater, je vis arriver, fendant la foule, l'honorable maire provisoire de Lyon avec son frère, suivi de quelques membres les plus recommandables du conseil municipal.

Aussitôt, ils me conjurèrent dans des termes que je n'oublierai jamais de céder pour la sûreté de ma propre existence.

Ma réponse fut prompte et brève à cet égard, mais ils insistèrent de nouveau en me faisant craindre de plus grands malheurs, dont l'envahissement de mon hôtel et la violation de ma personne ne seraient que le prétexte et le prélude.

Des considérations de cette nature, exprimées par des hommes mieux instruits que moi de la situation des choses, me frappèrent et m'émûrent. J'avais résisté à l'émeute et à la menace des meneurs, je cédai aux instances de ces hommes honorables. Je cédai malgré moi, il est vrai, en faisant craindre au conseil municipal que cette concession ne rendît l'émeute plus exigeante. Cette fois encore, je ne me trompais pas. A peine eus-je signé la liberté du maréchal des logis, que les émeutiers s'avançant demandèrent un otage jusqu'à son retour, et, en outre, le renvoi des officiers qui, à leurs yeux, étaient suspects.

Ma patience était lasse, et ma résignation épuisée. La plus vive indignation s'empara de moi à l'idée de voir calomnier par de pareilles gens les braves officiers de l'armée, à cette idée surtout d'une nouvelle concession qui devenait honteuse pour un chef responsable qui seul est juge du personnel qu'il commande.

Je repoussai donc l'une et l'autre exigeance; et j'ajoutai que je ne voyais dans l'armée que des officiers dévoués à leurs drapeaux.

Mes paroles furent accueillies par des murmures que le conseil municipal et le maire cherchèrent à apaiser; on parlementa une heure encore sur cette question, heure lente et cruelle dont le souvenir seul m'agite au moment où j'écris ces lignes; puis, pour mettre fin à cette discussion, je déclarai que *je me ferais plutôt hacher que d'entrer dans une pareille voie...*

Ce furent les dernières paroles que je prononçai dans cette journée fatale. Elles firent impression sur les masses qui se retirèrent entraînées par le maire et le conseil municipal.

Telle fut cette scène affligeante, dont le simple récit des faits porte avec lui sa sérieuse appréciation sur l'organisation de l'armée et l'unité du pouvoir disciplinaire.

Les commentaires sont inutiles après cela.

Reprenons.

La conduite au moins étrange du commissaire du Gouvernement dans cette circonstance envers le commandant en chef de l'armée de Lyon, la réponse du ministre à ma lettre confidentielle étaient deux actes qui donnaient une grande importance à la situation, et laissaient un vaste champ aux conjectures.

Toutefois, je ne voulus pas m'y arrêter et me bornai à rendre compte au ministre des faits que je viens de raconter.

Pour moi, abandonné à mes seules ressources et consultant les chances de la situation, je demeurai plus convaincu que jamais que la discipline et le bon esprit de l'armée pouvaient seuls la sauver elle-même ainsi que la société. Je devais, dès lors, pour préserver les troupes des captations qui les entouraient, faire vibrer en elles la voix de l'honneur et leur rappeler leurs devoirs à la patrie et au drapeau.

Là tendirent aussitôt tous mes efforts. Dès le lendemain, je parcourus les casernes et les quartiers, et quelques jours après je pouvais écrire au ministre, devenu mon confident par position et par devoir, la lettre suivante :

« Depuis hier, il y a, parmi les troupes, un certain retour à la discipline ; moins de soldats se sont mêlés aux groupes.

« Je rentre de plusieurs quartiers dont quelques hommes s'étaient fait plus particulièrement remarquer. Ces régiments m'ont paru sensibles à mes exhortations et à l'honneur de marcher bientôt à la frontière.

« On remarque toujours beaucoup d'agitation dans la ville. Hier soir, le peuple a mis en liberté quarante-huit détenus du pénitencier militaire pour lesquels des demandes de grâce étaient formées..... Je resterai à mon poste et je ferai de mon mieux ; je suis affecté péniblement, mais non découragé. »

Je constatai dans tout cela l'absence du concours de l'autorité civile dans la répression de ces faits. Cette absence, que je n'accusais pas, devait pourtant être éloquente aux yeux du ministre de la guerre, surtout après ce qui s'était passé, et j'attendais une réponse à cet égard.

Ces quelques exemples de désordre m'avaient attristé, sans m'enlever cependant ni la foi ni la confiance de pouvoir rallier au faisceau de l'ordre et de la discipline les liens qui semblaient s'en être un instant détachés.

Persévérant dans la mission que je m'étais imposée, voyant

chaque jour les soldats et leur faisant comprendre qu'ils devaient se rendre dignes de marcher aux frontières, j'eus le bonheur de pouvoir écrire encore au ministre de la guerre, dans le même but, une seconde lettre conçue en ces termes :

« Le retour à la discipline que j'ai eu l'honneur de vous signaler par ma lettre du 1er avril, ne fait que se confirmer. Les hommes qui s'étaient compromis par des manifestations contraires au devoir ont même eu à subir, dans quelques corps, la correction que les soldats appliquent entre eux parfois, pour les actes auxquels leur paraît s'attacher quelque honte. Cela s'est fait, bien entendu, sans aucune intervention de la part des chefs, qui n'auraient pas permis que les choses fussent poussées trop loin, et auxquels l'intention seule suffisait.

« Les dernières scènes de désordre ont fait comprendre à la garde nationale la nécessité de compléter son organisation et de se montrer. Il y a tout espoir que l'on parviendra à rétablir l'ordre, si l'autorité civile se décide à employer l'énergie nécessaire dans ces circonstances. »

En réponse aux lettres précitées, je reçus enfin la lettre suivante du ministre de la guerre :

« Général,

« J'ai reçu vos rapports du 30 mars dernier.

« Je conçois tout ce qu'a dû avoir de pénible pour vous l'obligation où vous vous êtes trouvé de signer la mise en liberté du maréchal des logis. Mais il est des circonstances supérieures à la volonté des hommes, et qui les forcent de subir ce qu'en temps ordinaire il y aurait lieu d'empêcher.

« D'ailleurs, d'après votre dépêche du 1er de ce mois, la discipline semble se rétablir.....

« Conservez, Général, le poste important que la République

vous a confié ; luttez contre le désordre patiemment, continuel-
lement ; travaillez à calmer les esprits.....

« J'approuve votre conduite ; je vous sais gré de vos efforts..... »

Je mis cette lettre à côté de celle que j'avais reçue du
même ministre, à propos de mes observations sur la circulaire.

Cependant, la présence à Lyon du sous-officier qui avait
triomphé de l'autorité militaire m'était chaque jour signalée
comme fatale aux troupes : ses liaisons avec les Voraces, ses
rapports avec les clubs les plus exaltés n'allaient pas à moins
qu'à recommencer sur les soldats la funeste influence des factions ouvrières.

Ce sous-officier semblait être devenu le cri de ralliement de
l'émeute.

Il fallait l'éloigner à toute force, et comme on m'avait enlevé
les moyens de discipline, je pris le parti de couvrir son départ
par le départ de son régiment. J'avançai donc de tous mes
moyens le jour où ce régiment devait quitter Lyon.

Mais à cette nouvelle, comme s'il ignorait ce qui s'était passé
le 29, ou comme s'il eût voulu engager ouvertement la lutte
avec l'autorité militaire, monsieur le commissaire du Gouver-
ment m'écrivit la lettre suivante :

Lyon, le 11 avril 1848.

« Général,

« Le régiment part demain ; je vous demande une permission de vingt jours pour le sous-officier..... (celui-là même que
l'émeute avait mis en liberté); je crois qu'en ce moment sa
présence à Lyon ne doit avoir qu'un excellent effet, et je vous
adresse cette demande après mûre réflexion..... »

Le même jour, et comme une corrélation avec le désir de ce sous-officier de rester à Lyon, le commandant du fort Lamothe, où se trouvait le principal dépôt d'armes de l'arsenal, me faisait connaître, par un petit mot porté par un soldat déguisé, que le fort commençait à être entouré par des rassemblements. Voici la lettre :

Le 11 avril 1848.

« Mon Général,

« Un attroupement assez considérable, dont un assez grand nombre est armé, s'est présenté pour entrer au fort Lamothe, sous prétexte de fraterniser et de fournir un poste pour en partager la garde avec la ligne ; je n'ai pu les faire se retirer qu'en leur donnant un refus par écrit de les recevoir, à moins d'un ordre supérieur. Ils doivent se rendre chez le citoyen commissaire, ou chez vous, mon Général.

« Si le commissaire du Gouvernement donne un ordre de laisser partager le poste, faudra-t-il laisser entrer ?

« Veuillez, je vous prie, me répondre de suite, car ils sont de nouveau rassemblés sur la place de la Guillotière. »

Telle était la situation que de bons officiers, faits à la discipline et pleins d'honneur et de courage, se croyaient obligés de me consulter de peur de compromettre l'armée.

Mon parti fut pris à l'instant : hésiter eût été une faute, après l'exemple du fort des Bernardines, après l'abandon dans lequel me laissait l'autorité administrative.

Comprenant la responsabilité qui pesait sur moi, et prévoyant les conséquences d'une nouvelle concession, je répondis aussitôt au commandant du fort Lamothe par un mot écrit de ma main, sur un papier très-fin, que je plaçai moi-même dans la casquette du soldat déguisé, « qu'avec des officiers comme

« lui, je n'avais pas à rappeler les devoirs de chacun ; que j'é-
« tais convaincu qu'il ferait le sien ; que s'il était attaqué il
« eût à repousser la force par la force, et qu'à tout prix il fallait
« conserver le fort au Gouvernement, ainsi que les armes et
« munitions qui y étaient ; que si l'on entreprenait quelque
« chose de sérieux contre lui, je prenais des mesures pour mar-
« cher à son secours et le défendre ; qu'il ne serait pas long-
« temps abandonné à lui-même ; que j'envoyais des ordres à
« cinq bataillons qui étaient dans les forts de la rive droite de
« la Saône, forts Loyasse, Saint-Yrenée et Sainte-Foy, et qui,
« passant par les hauteurs sans être en vue de la ville, afin de
« de ne causer aucun émoi, devaient descendre au pont d'Au-
« nay pour venir prendre position à Perrache, où ils attendraient
« mes ordres... Que le mouvement exigeait trois heures envi-
« ron, et que, jusque-là, je ne pensais pas qu'il pût y avoir
« des craintes sérieuses pour lui. »

Le soldat partit et je m'occupai de donner les ordres nécessaires ; à peine avais-je terminé que cinq Voraces, qui se disaient
envoyés par M. le commissaire du Gouvernement, se présentèrent chez moi, sous les formes d'une députation. Ils me demandèrent l'introduction dans le fort Lamothe d'un poste de vingt-
cinq hommes de la garde nationale de la Guillotière. Il n'est pas
inutile de constater ici que cette garde nationale n'était qu'un
prête-nom pour les Voraces. Ceux qui se trouvaient devant moi
n'étaient que cinq, comme je l'ai dit, mais au dehors, l'émeute
était permanente. Cette circonstance donnait à ces cinq hommes
une attitude particulière que je n'eus pas de peine à reconnaître.

Cependant, j'étais décidé à refuser, mais je crus devoir le faire
en termes lents et ambigus, pour laisser le temps d'exécuter les
ordres que j'avais donnés.

Les Voraces se trompèrent à ce langage, et leur demande

prit bientôt le ton de la menace. Ils m'annoncèrent l'intention de procéder de vive force à l'attaque du fort Lamothe, me disant qu'ils me rendaient responsable du sang qui allait être versé.

A cela je répliquai en rejetant sur les agresseurs la responsabilité des suites d'une attaque.

Le ton décidé que je mis dans cette réponse, car le temps s'écoulait, sembla les déconcerter d'abord; mais, peu d'instants après, reprenant leurs allures, ils me déclarèrent qu'ils retournaient chez M. le commissaire du Gouvernement, qu'ils désignaient tout simplement par son nom, sans autre qualification.

Pendant ce temps de temporisation et de démarches, je recevais avis du mouvement des cinq bataillons effectué sur Perrache.

La députation des Voraces revint bientôt, en effet, porteur d'une lettre du commissaire du Gouvernement, et me la présenta.

Ce fonctionnaire, qui n'avait pas trouvé le temps ni de m'écrire, ni de donner des ordres, ni de venir chez moi, lorsque je l'avais fait si convenablement prévenir de ma situation, le 29 mars, s'était montré beaucoup plus complaisant, surtout beaucoup plus confiant, envers les Voraces, car la lettre qu'il leur avait remise pour moi était toute ouverte, et ils avaient pu en prendre connaissance.

La dépêche envoyée sous ce nouveau mode était conçue en ces termes :

« Général,

« De grâce, terminons cette affaire du fort Lamothe ; vingt-cinq hommes de garde nationale de la Guillotière, mis régulièrement de garde à ce fort, ne peuvent, en aucune façon, troubler la tranquillité publique. Je vois là un moyen de pacifier, et je vous invite *très-formellement* à employer ce moyen, dont j'accepte toute la responsabilité.

« J'aurai l'honneur de vous voir pour régulariser la position, et j'instruirai le Gouvernement provisoire de la responsabilité que j'assume toute entière. »

C'était de nouveau me placer en face de l'émeute, que cette concession appelait; c'était déplacer la responsabilité, comme si je n'étais pas assez fort pour la supporter. Je sus repousser cette voie si nouvelle en administration, et blessante pour le commandement militaire et pour ma personne.

Ma réponse à cette lettre et à ces émissaires n'en fut que plus ferme et plus nette; je maintins mon refus malgré les menaces d'une attaque de vive force, et prévins les porteurs de la lettre des moyens de résistance que j'avais organisés.

Les Voraces se retirèrent et allèrent rejoindre l'émeute au dehors, ne se tenant pas pour battus.

En effet, guidant la population des faubourgs, le maire de la Guillotière en tête, ils entourèrent le fort en se livrant aux démonstrations les plus hostiles.

L'attitude des troupes, les mesures exécutées par mes ordres, surent les contenir et ils se retirèrent, renonçant à leur entreprise.

Je n'eus qu'à me féliciter de la ligne de conduite que j'avais adoptée dans cette occasion; le fort Lamothe fut conservé à l'Etat sans aucune effusion de sang.

Mais si j'avais fait l'expérience de ce que pouvaient sur ces masses désordonnées une volonté ferme et une attitude énergique, j'avais aussi franchement rompu avec le commissaire du Gouvenement.

Cette position était d'autant plus délicate, que je me trouvais placé entre le père et le fils : le premier, mon ministre de la guerre, et le second, commissaire extraordinaire du Gouvernement provisoire à Lyon.

Il y a, dans ce cas, des devoirs de bienséance qu'il n'est pas permis d'ignorer, une ligne de conduite toute tracée, de laquelle l'abnégation de soi-même, le sentiment de ce qui est bien, la volonté de ne pas compromettre une bonne cause, ne vous permettent pas de vous écarter.

Prolonger plus longtemps cette lutte, c'eût été réduire les proportions de cette situation à un conflit particulier. Il n'en pouvait être ainsi, et j'écrivis aussitôt à M. le Ministre de la guerre :

« Lyon, le 11 mars 1848.

« J'ai l'honneur de vous déclarer qu'il n'y a pas unité de vues entre le commissaire du Gouvernement dans le département du Rhône et moi. Ce fonctionnaire promet et me demande ensuite des choses que je ne fais qu'avec peine, ou même que je me crois dans la nécessité de refuser.

« Aujourd'hui, il m'a invité :

« 1o A accorder une permission de vingt jours, pour rester à Lyon, au maréchal des logis G..., dont le régiment part demain pour Grenoble, départ dont il est la cause principale, puisque c'est ce sous-officier que j'avais fait arrêter et que j'ai été obligé de faire remettre en liberté ;

« 2o Ensuite, à introduire dans le fort Lamothe (à Lyon), où se trouve la salle d'armes, un poste de vingt-cinq hommes de la garde nationale de la Guillotière....; et cette demande est faite au moment où un rassemblement de mille hommes environ s'agite aux abords de ce fort.

« Sur ce second point, j'ai refusé positivement, et je demande des ordres précis. En attendant, Monsieur le Ministre, je me vois contraint de lutter contre celui duquel je devrais recevoir appui et concours.

« Cette position n'est pas tenable, et si je dois déférer à de pareilles injonctions, je vous demande de la manière la plus formelle mon rappel immédiat. »

Le lendemain, je rendais compte au ministre de la situation du fort Lamothe qui s'était améliorée, et, plus résolu que jamais par mes réflexions et la tournure que prenaient les affaires, je réitérais la demande de mon rappel.

Une dépêche télégraphique du ministre de la guerre, en date du 13, m'annonça que mon successeur était nommé, et que je recevais une nouvelle destination.

Je quittai aussitôt Lyon et mon commandement, emportant cette conviction d'avoir fait mon devoir tout entier, d'avoir soutenu les bonnes traditions de discipline et d'honneur dans cette armée de Lyon, qui, sans appui du pouvoir politique et de l'autorité civile supérieure, sut se maintenir toujours digne, et, par son attitude ferme et sa résistance, préserver de tous les désordres dont elle était menacée cette seconde cité de la France, qui ne reprit sa sécurité, ses travaux et sa vie, que sous l'égide et la protection de l'armée.

Cet exemple de nos jours, que j'ai cru devoir citer parce qu'il me concerne personnellement et que j'ai pu dire la vérité, n'est pas le seul de cette époque. La circulaire, les instructions, l'esprit gouvernemental, étaient les mêmes partout ; mes collègues, j'en ai la conviction, ont dû agir comme moi dans tout le reste de la France. S'ils n'ont pas eu des circonstances aussi difficiles que celles qui s'étendirent sur ma mission, ils n'en ont pas moins concouru, chacun dans leurs sphères respectives, à l'accomplissement de cette œuvre.

Cette pensée est consolante pour le pays.

Il n'est douteux pour personne aujourd'hui, en reprenant l'histoire des événements au point de vue où nous l'avons laissée, que la réorganisation de l'armée et le maintien de sa discipline, étendue comme un réseau sur la France entière, n'ait prévenu, empêché ou diminué des malheurs de toutes sortes dans une foule de localités.

S'il était besoin de citer encore des exemples plus frappants, ils afflueraient sous ma plume.

Qui ne se rappelle les événements de Rouen et ces terribles journées de juin, à Paris surpris tout à coup par la révolte furieuse au moment où il était dépouillé de son armée?

Cette absence de forces régulières amena des pertes douloureuses et regrettables, car ceux qui combattirent pendant ce temps consultaient plus leur indignation et leur valeur que l'expérience qui leur manquait. Le retour de l'armée mit fin à cet épouvantable cataclysme, et, si elle n'eût pas quitté Paris, de si grands malheurs ne seraient pas à déplorer.

Cependant un Gouvernement plus sage, mais qui s'essayait encore, avait succédé à celui qui fut témoin de tant de troubles et de désordres.

Quoique encore négligée, l'armée en acquit plus de force et d'homogénéité.

Dès lors commencèrent ces misérables questions parlementaires ou chaque minorité représentant un parti, et cédant à l'ambition ou à des convictions intimes, n'avait ni la force, ni la générosité de sacrifier au bonheur du pays.

Entourées par la gêne et les obstacles, repoussées par l'instinct national, ces minorités se réunirent sur le terrain neutre d'une opposition quand même. *Delenda est carthago..., videbimus infrà* était leur devise, et ces minorités avaient fini par se changer en factions.

L'héritier du grand nom auquel son origine, sa position et sa personnalité avaient valu les sympathies, et les suffrages de la France était appelé à la gouverner. Il prit cette haute mission avec ce calme digne et profond qui préside aux grandes choses.

Il voyait s'agiter autour de lui toutes ces passions politiques, toutes ces conspirations parlementaires qui obstruaient la marche large et généreuse qu'il avait projetée, fruit des rêves et des méditations de l'exil.

Longtemps il soutint la lutte avec patience et fermeté. Longtemps il chercha à concilier les partis, à réunir les opinions, à faire un faisceau de ceux qui ne voulaient, comme lui, que le bonheur et la gloire de la France, mais toujours arrêté dans ses nobles projets, entouré d'ambitieux et de perfides, il ne voyait que des obstacles incessants se dresser devant lui sans faire prévoir une issue favorable.

Les partis et les factions s'agitaient et voulaient tenter, en 1852, un dernier et suprême effort.

Il prévit qu'à cette époque fatale, les principes d'ordre, d'autorité, les pouvoirs, les institutions sociales déjà menacés périraient infailliblement dans cette tourmente révolutionnaire, s'il ne les ressaisissait d'une main énergique pour les rétablir sur leur base.

La France elle-même fatiguée de cette marche tortueuse et lente, semblait plongée dans l'atonie du désespoir, et attendre de Dieu le coup de foudre qui devait en un jour tout éclairer et toutchanger.

Ce jour arriva. Jetant autour de lui un regard attentif, Louis-Napoléon, Président de la République, n'aperçut que des institutions ébranlées, des organisations faussées, des hypocrisies ou des trahisons.

Un seul corps était resté debout, dans toute sa pureté, dans toute la force de son organisation active, corps étranger aux discussions politiques, aux luttes parlementaires, aux excès révolutionnaires : c'était l'armée.

Louis-Napoléon choisit aussitôt ce puissant appui qui était là palpitant, mais discipliné et tranquille sous sa main.

Un mot suffit pour s'en faire comprendre : la gloire, le bonheur de la France, et le suffrage universel.

Le 2 décembre, ce grand acte des temps modernes eut lieu. Peu de temps après, il fut sanctionné par le suffrage universel de la manière la plus éclatante.

Le souffle napoléonien, qui anime l'esprit et le cœur de l'héritier du grand homme, lui donna de relever aussi institutions et mœurs, d'implanter calme et grandeur dans la France, c'est cette tâche qu'il continue d'accomplir aujourd'hui.

Que puis-je ajouter encore après cet exemple passé sous nos yeux, après ceux que j'ai esquissés depuis les époques les plus reculées?

Je me résume en peu de mots pour prouver la vérité de ce que j'avance.

J'ai dit en commençant : « Dans tous les temps, dans tous les âges, dans tous les gouvernements, soit monarchies, soit républiques, l'armée a joué un si grand rôle, qu'on ne saurait nier son importance et les bienfaits de son institution.

« Quand une révolution se fait, quand un cataclysme politique se produit, quand toutes les institutions sont déplacées, les pouvoirs moraux suspendus, les passions déchaînées, l'armée seule reste debout conservant son bon esprit et sa discipline. »

N'en ai-je pas exposé les preuves aux temps les plus critiques de l'histoire?

Enfin, j'ai posé ce principe que tout en suivant les progrès des mœurs et de la civilisation, les bases de cette grande institution, inébranlable et éternelle, nous régissent encore.

J'ai dit vrai en écrivant ces lignes, car ces bases dont il ne faut jamais s'écarter, à peine de malheur, consistent surtout, comme je l'ai proclamé, dans une discipline sévère qui se traduit par la punition pour la désobéissance et la lâcheté, par la récompense pour l'accomplissement des devoirs et le courage.

Ces bases, si on le remarque, sont en effet les mêmes que celles sur lesquelles est assise de nos jours la bonne organisation de nos armées. Ces bases sont parvenues jusqu'à nous, dans toute leur pureté en traversant les siècles et les âges.

Chez les peuples anciens, la lâcheté était punie de mort.

On fusille aujourd'hui le soldat qui déserte.

Des surnoms glorieux et populaires, des triomphes, des couronnes civiques, récompensaient les actions d'éclat et les grands services.

Que de champs de bataille sont devenus, de nos jours, des titres de prince et de duc pour nos grands capitaines.

Les épaulettes, les étoiles d'or, sont données devant l'armée.

Le ruban rouge brille sur la poitrine des braves.

On voyait une colonne de marbre à Marathon; on en voit une d'airain, faite avec le bronze des canons pris aux ennemis, sur la place Vendôme.

J'avais donc raison de dire que l'institution et l'organisation de l'armée étaient éternelles par leur origine, leur noblesse et leur bienfait.

Une institution, contre laquelle sont venus se heurter les orages des siècles, les passions humaines de tous les temps, et qui est restée debout; une organisation basée sur la noble ambition des hommes, sur la grandeur des caractères, qui par son absence a causé des malheurs, et ramené par son rétablissement l'ordre et la prospérité publics, sont deux choses implantées dans le monde pour le bonheur des peuples, et la gloire des nations. Ces deux choses peuvent disparaître un instant, mais elles ne doivent jamais périr.

Après l'esquisse historique que je viens de tracer, les exemples de nos jours que je viens de donner, je puis dire avec conviction et en m'appuyant sur des preuves : Voilà ce que c'est que l'armée.